너는 그동안 어떤 동물들을 만났니?

이 책은 내가 만났던 동물들의 이야기야.
그리고 나의 부끄러운 고백이기도 해.
동물들에게 했던 나의 사소한 행동이
그들을 아프게 했다는 걸 나중에야 알았거든.
시간을 되돌릴 수는 없지만
이제라도 동물들에게 사과하고 싶어.

그럼, 나의 고백을 한번 들어 봐 줄래?

글·그림 오은정

순수 미술 화가이자, 책을 쓰는 작가입니다.
임시 보호를 하다가 가족이 된 네 마리의 고양이와
함께 살며, 다양한 동물 보호 활동을 합니다.
그동안 동물들을 만나며 느낀 것을 어린이들에게
전하고 싶어 이 책을 만들었어요.
홈페이지 : www.on-jung.com

추천 동물자유연대

동물들이 보다 나은 삶을 살기를 바라는 마음으로
다양한 영역에서 동물 운동을 하는 단체입니다.
유기 동물 입양 문화를 확산하는데 앞장섰고, 동물 보호법
개정을 위한 사회 운동, 동물 실험 중단을 위한 활동,
공연장 돌고래 바다로 돌려보내기 활동 등을 하고 있습니다.
홈페이지 www.animals.or.kr

울지 마, 동물들아!

초판 1쇄 2020년 7월 30일 | **초판 2쇄** 2021년 1월 25일
글·그림 오은정 | **기획·편집** 표유진 | **디자인** 곰곰디자인·조희정
마케팅 강백산, 강지연
펴낸이 이재일 | **펴낸곳** 토토북
주소 04034 서울시 마포구 양화로11길 18, 3층(서교동, 원오빌딩)
전화 02-332-6255 | **팩스** 02-332-6286
홈페이지 www.totobook.com
출판등록 2002년 5월 30일 제10-2394호
ISBN 978-89-6496-422-4 77490

© 오은정 2020

이 책은 저작권법에 의해 보호를 받는 저작물이므로 무단 전재 및 무단 복제를 금합니다.
잘못된 책은 바꾸어 드립니다.

제품명 울지 마, 동물들아! | **제조자명** 토토북 | **제조국명** 대한민국
전화 02-332-6255 | **주소** 서울시 마포구 양화로11길 18, 3층(서교동, 원오빌딩)
인증 유형 공급자 적합성 확인 | **사용 연령** 8세 이상 | **제조일** 2021년 1월 25일
●KC마크는 이 제품이 공통안전기준에 적합하였음을 의미합니다.

⚠ 주의 아이들이 책을 입에 대거나 모서리에 다치지 않게 주의하세요.

울지 마, 동물들아!

글·그림 오은정 | 추천 동물자유연대

여섯 살 때

난……

작은 새 한 마리를 아프게 했어.

엄마가 시장에서 사 온 예쁜 새였어.

어느 날 나는 호기심에 새장 안으로 손을 넣었어.
그러자 작은 새가 정신없이 날개를 퍼드덕거리는 거야.
놀란 나는 실수로 새의 꼬리 깃털을 잡아당겼어.
그후 작은 새는 며칠 동안 시름시름 앓았어.
그리고 더 이상 움직이지 않았지.
난 그저 한 번 만져 보고 싶었을 뿐인데…….
만일 그 새가 다시 내게 온다면
갑갑한 새장 속이 아니라
꽃향기 가득한 숲속에 놓아주고 싶어.
작은 새야. 미안해. 정말 미안해.

일곱 살 때

난……

키우던 강아지를 떠나보냈어.

우리 집에 온 첫 번째 강아지 뽀삐였어.

나는 뽀삐와 얼른 친해지고 싶었어.
하지만 뽀삐는 집 안 곳곳에 오줌을 싸면서 짖어대기만 했어.
우리 가족은 그런 뽀삐가 불편했어.
결국 뽀삐를 다른 집에 보내고 말았지.
나중에야 알았어.
뽀삐에겐 새 보금자리에 적응할 시간이 필요했다는 걸.
조금 더 기다렸더라면 뽀삐와 오래오래 함께할 수 있었을 텐데.
또 다시 낯선 곳으로 가게 된 뽀삐는 얼마나 무서웠을까?

만일 뽀삐가 다른 집에서도 가족이 되지 못했으면 어쩌지?
혹시 유기견이 되어 거리를 헤매었다면…….

뽀삐의 슬픈 표정이 생각나.
너무 늦었지만 뽀삐에게 미안해.

여덟 살 때

난……

길고양이를 보고 도둑고양이라 외쳤어.

아무것도 훔친 게 없는데 말이지.
그땐 쓰레기를 뒤지고 어둠 속에서 나를 노려보는
길고양이가 더럽고 무서웠어.
나중에야 알았어. 거리를 헤매는 많은 길고양이들이
춥고 배가 고파 사람들 앞에 나타난다는 걸.
그게 도와달라는 신호라는 걸.

잘 알지도 못하고 도둑고양이라 소리쳐서 미안해.
길고양이도 우리 주변에서 함께 살아가는 이웃이야.
이젠 길고양이들에게 이름을 붙여 주며 인사해 볼래.

"마로야, 안녕?"

아홉 살 때

난……

가끔씩 개미를 죽였어.

개미들이 졸졸 줄지어 가던
길을 막고 물을 뿌렸어.
작고 흔한 개미가 하찮고 쓸모없어 보였어.
그런데 내가 장난삼아 죽였던 개미가
로봇과 컴퓨터 공학 연구에
큰 도움을 주었다지 뭐야.

개미처럼 작은 생명들이 다르게 보였어.
나는 다시는 개미를 죽이지 않겠다고 다짐했어.
그리고 씩씩하게 지나가는 개미에게 인사를 건네.
"안녕? 오늘도 조심히 다녀."

개미와 과학

과학자들은 개미가 먹이를
찾기 위해 이동하고, 먹이를 들어
올리고, 운반하는 방식을
연구하여 못 개닫에 이용했다.

열 살 때

난……

동물원의 공작새에게 돌을 던졌어.

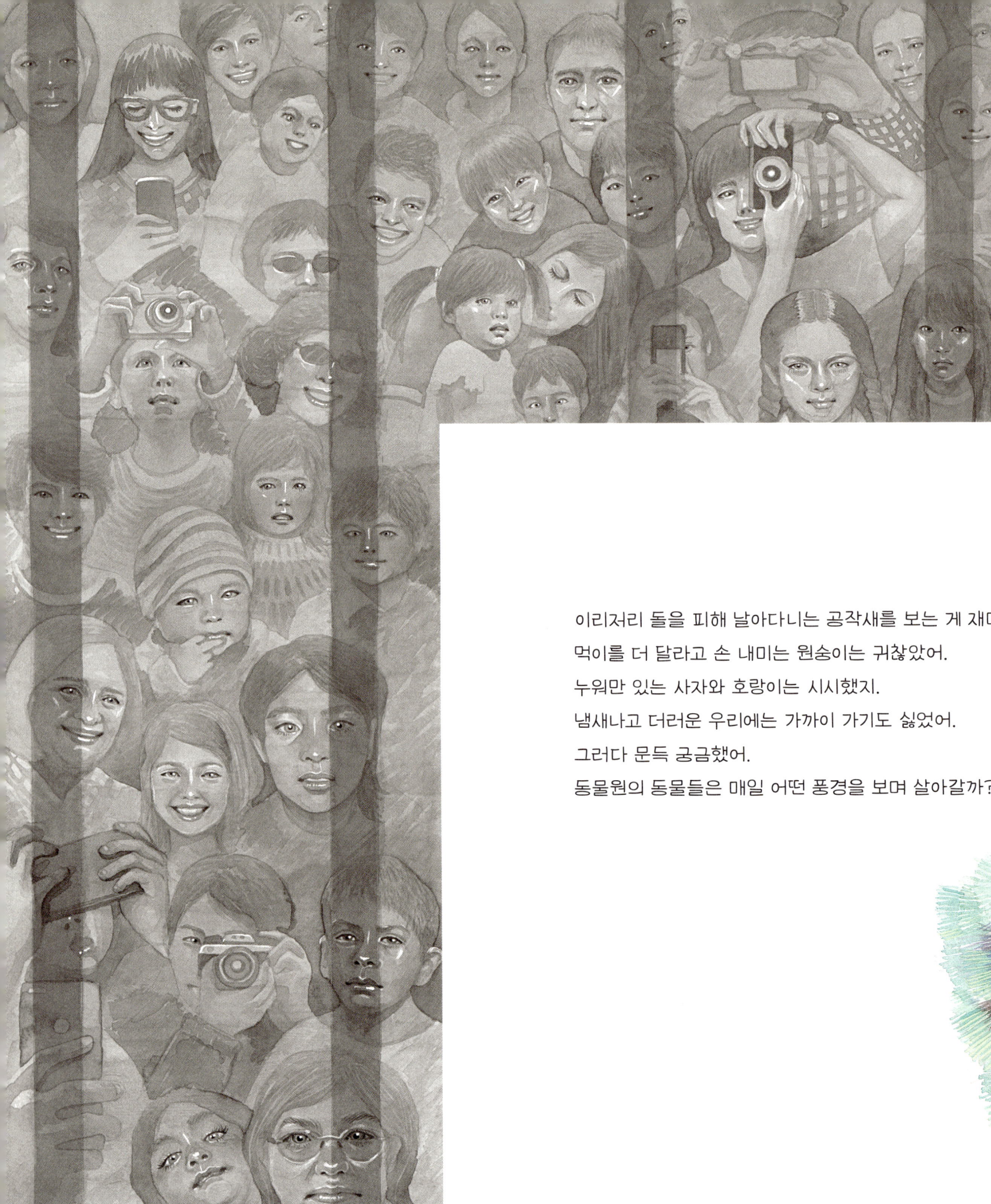

이리저리 돌을 피해 날아다니는 공작새를 보는 게 재미있었어.
먹이를 더 달라고 손 내미는 원숭이는 귀찮았어.
누워만 있는 사자와 호랑이는 시시했지.
냄새나고 더러운 우리에는 가까이 가기도 싫었어.
그러다 문득 궁금했어.
동물원의 동물들은 매일 어떤 풍경을 보며 살아갈까?

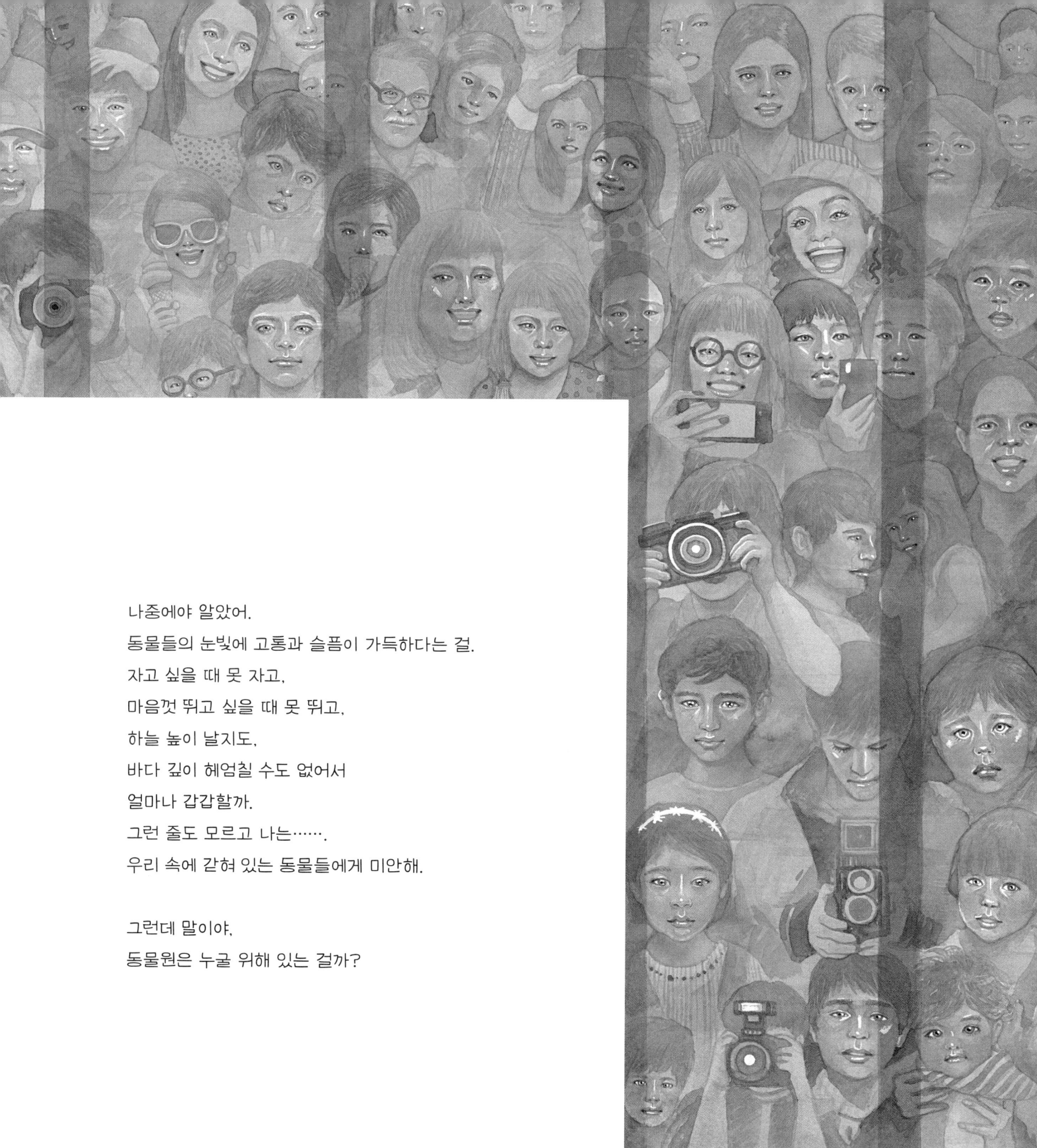

나중에야 알았어.
동물들의 눈빛에 고통과 슬픔이 가득하다는 걸.
자고 싶을 때 못 자고,
마음껏 뛰고 싶을 때 못 뛰고,
하늘 높이 날지도,
바다 깊이 헤엄칠 수도 없어서
얼마나 갑갑할까.
그런 줄도 모르고 나는…….
우리 속에 갇혀 있는 동물들에게 미안해.

그런데 말이야,
동물원은 누굴 위해 있는 걸까?

열한 살 때

난……

토끼털 조끼를 입고 좋아했어.

보들보들하고 윤기 나는 토끼털을 만지면 기분이 좋았어.
그땐 몰랐어. 작은 옷 한 벌을 만들기 위해 토끼들이 고통스럽게 죽어야 한다는 걸.
밍크코트 한 벌을 만들기 위해 수십 마리의 족제비가 죽어 가.
가죽 가방을 만들기 위해 살아 있는 악어의 가죽이 벗겨져.
상품이 되기 위해 고통스럽게 죽어 간 동물들에게 미안해.

앞으로 난 가죽 가방 대신 천 가방을 들 거야.
한 마리의 동물이라도 살리고 싶어.

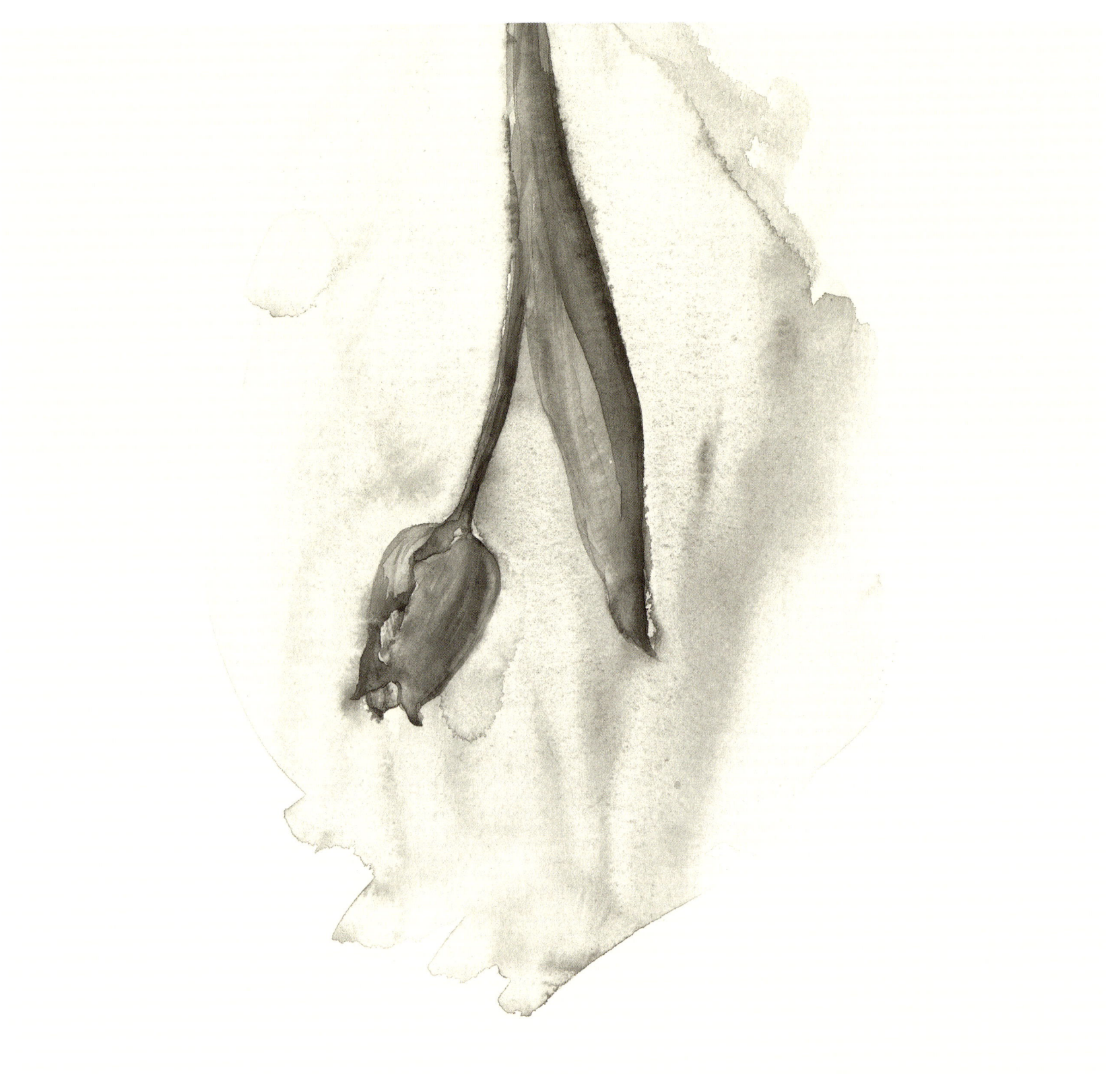

열두 살 때

난······

개구리를 해부한 적이 있어.

과학 시간이었어.
우리가 해부했던 개구리들은 쓰레기통에 버려졌어.
책 속엔 이미 해부 사진이 있었지만
왜 또다시 개구리를 죽여야 하는지 아무도 묻지 않았어.

미성년자 동물 해부 금지
2020년부터는 동물 보호법에 의해 미성년자의 동물 해부 실습이 금지되고 있다.

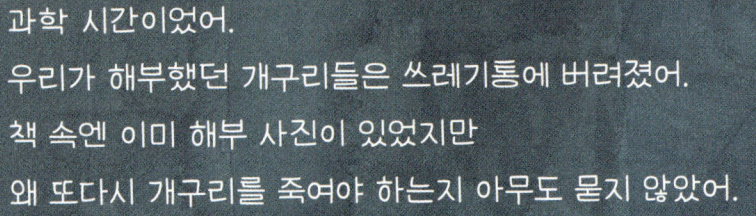

화장품이 안전한지 알아보려고 토끼의 눈꺼풀을
고정하고 화장품을 토끼 눈에 넣어.
실험 후 눈이 먼 토끼는 쓸모가 없어졌기 때문에
쓰레기처럼 버려져.

전쟁 무기의 힘을 확인하기 위해서
원숭이나 고양이에게
총을 쏘거나 전기 충격을 주기도 해.
방사능이나 독성 물질에 노출하기도 하지.

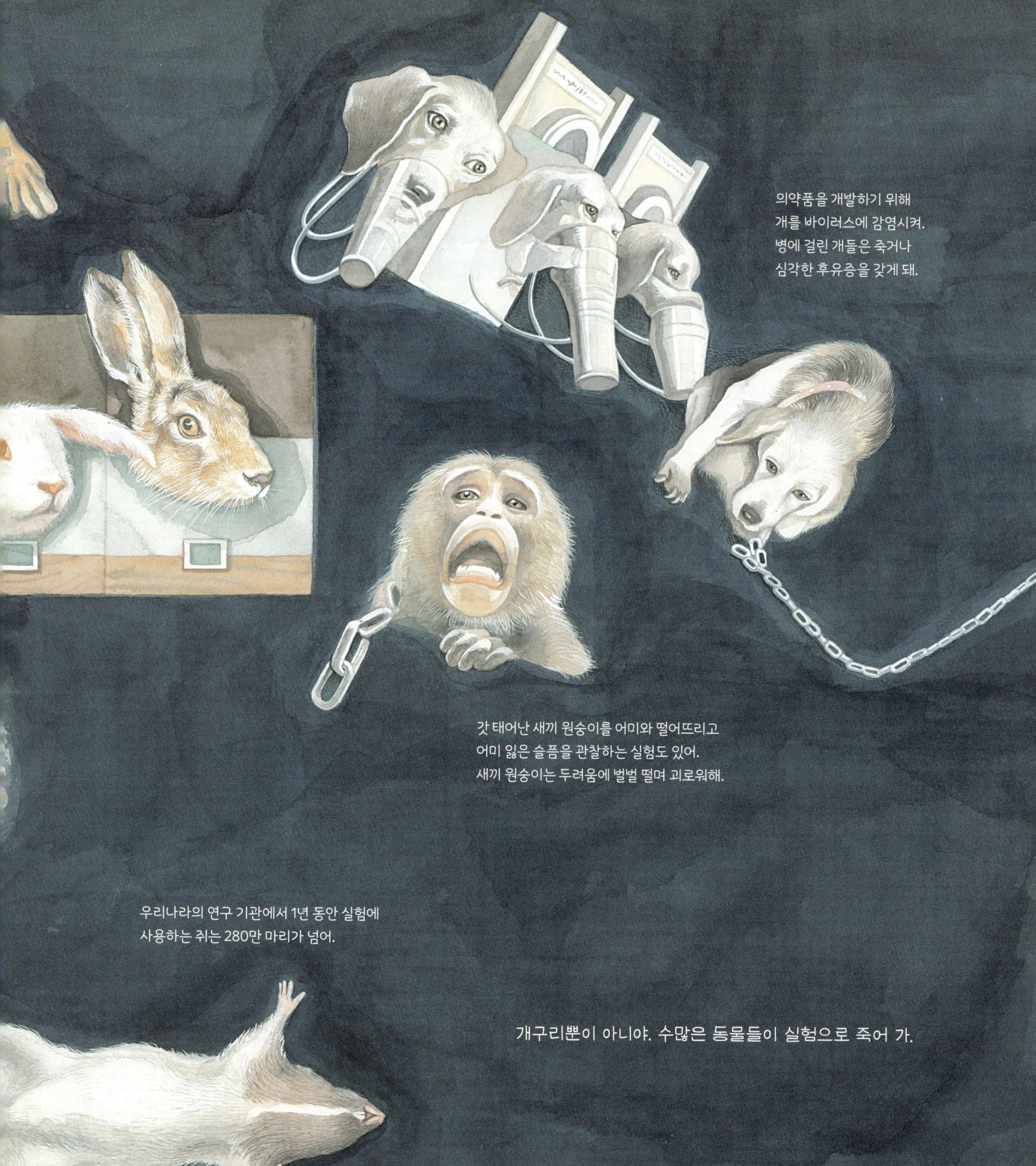

그런데 화장품이나 세제 같은 생활용품을 만드는 데 꼭 동물 실험을 해야 할까?
이미 알아낸 것들을 다시 확인하는 실험에 동물들의 목숨이 필요한 걸까?

난 요즘 동물 실험을 하지 않은 생활용품을 찾아서 써.

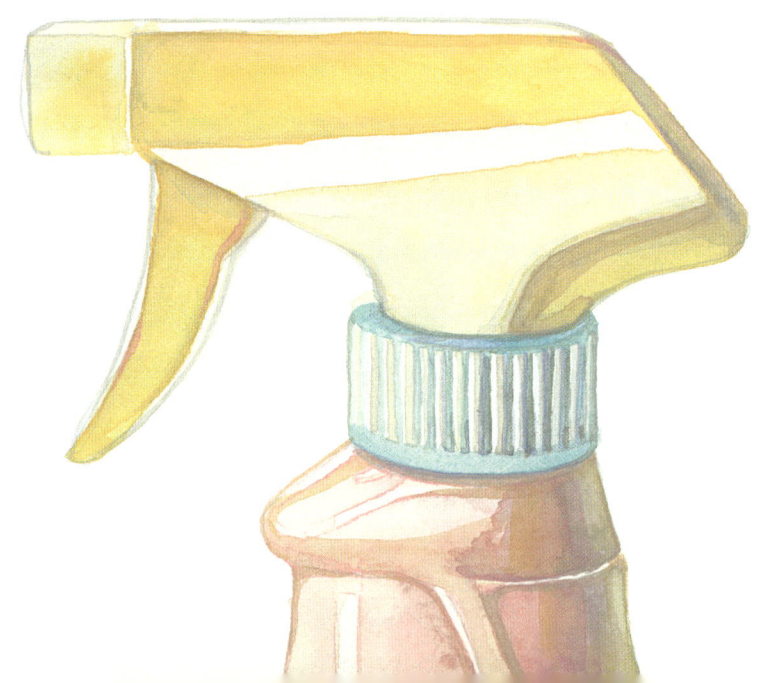

크루얼티 프리(Cruelty-free) 운동
동물 실험을 하지 않고 제품을 생산하자는 사회 운동이다. 토끼가 그려져 있는 리핑 버니 인증 마크 역시 동물 실험을 하지 않는 제품임을 뜻한다.

날마다 쓰는 물건부터 하나하나 바꾸고 있어.
사람들이 동물 실험을 하지 않은 제품을 골라서 사면 그런 제품을 만드는 회사도 많아질 거야.
그럼 동물들이 실험실에서 죽는 일도 점점 줄어들겠지.

열세 살 때

난······

과자 먹듯 동물을 먹었어.

햄버거, 치킨, 소시지가 정말 맛있었어.
그 안에 들어 있는 고기가 어떻게 만들어지는지 그땐 몰랐어.
사람들의 식탁에 오르기 위해
수천만, 수억 아니 그보다 더 많은 동물들이 철창에 갇혀 길러져.
갇힌 동물들은 평생 움직이지도 못한 채
서서 먹이를 먹고 변을 보며 고통을 당하다가 고기가 돼.

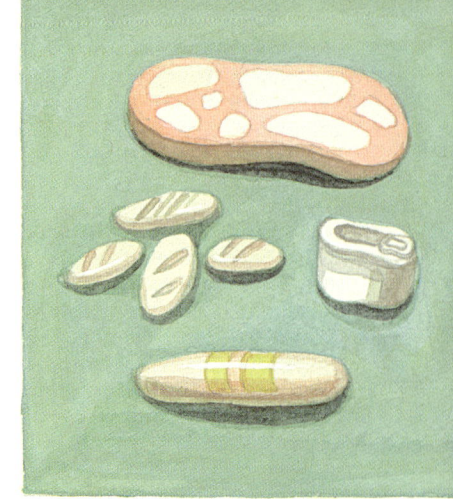

그렇게 죽어 간 동물들은 모든 순간이 두렵고 아팠을 거야.

비록 인간의 음식이 된다 해도, 살아 있는 동안에는 넓은 들판도 뛰어다니고 엄마 품에서 잠도 잘 수 있게 해 주었으면 좋겠어.

난 요즘 장을 볼 때 고기보다는 채소를 사려고 해.
달걀이나 우유는 동물 복지 인증 마크가 있는지 확인해.

식용 동물의 사료를 만들기 위해 수많은 공장이 지어지고 흙과 공기가 오염돼.
축산 시설에서 흘러나온 동물의 오줌과 똥은 물도 오염시키지.
그래서 난 고기 대신 채소를 많이 먹기로 했어.
내 몸에도 좋고 환경도 살리는 일이니까.

동물 복지 인증 제도
가축을 깨끗한 환경에서 고통을 주지 않고
사육하는 농장의 축산물에 대해 정부가
그 품질을 보증하는 제도다.

열다섯 살 때

난……

차에 치여 도로에 쓰러진 동물을 모른 척했어.

그 동물은 무시무시한 속도로 달려오는 차에 치여 목숨을 잃었던 거야.
난 무섭기도 하고 어찌할지 몰라 그냥 지나쳤어.
나중에야 알았어. 도시를 개발하고 도로를 만들면서 야생 동물들이 살 곳을 잃었다는 걸.
동물들의 길도 망가졌다는 걸.

난 더 이상 로드킬을 모른 척하지 않아.
자동차로 숲속 도로를 달릴 땐 길 위를 유심히 살펴.
죽은 동물을 발견하면 짧은 기도를 하고, 신고를 해.
이 땅은 모든 생명이 함께 살아가야 할 터전이야.

로드킬
동물이 도로에서 차에 치여 죽는 일을 말한다. 로드킬 신고는 일반 국도의 경우 다산 콜센터(120), 고속도로는 한국도로공사 콜센터(1588-2504)로 한다.

어제,

난……

아무렇지 않게 또 비닐봉지를 사용했어.

머리에 비닐봉지가 덮혀 숨이 막힌 거북이,
버려진 그물에 몸이 휘감긴 물개,
작은 플라스틱 조각을 먹이인 줄 알고 삼키는 물고기,
배에서 쏟아진 기름 때문에 죽은 물고기를 먹고 죽어 가는 새,
영원히 썩지 않는 쓰레기로 뒤덮인 바다.

오늘도 수많은 동물이 바다에서 죽어 가.
그럼, 우리는? 사람은 괜찮은 걸까?

이제는 알아.
자연이 망가지면 동물도 사람도 결코 행복하게 살 수 없어.
오늘 난 비닐봉지 대신 장바구니에 물건을 담아.
일회용 컵 대신 개인 컵을 사용해.
작은 행동부터 바꿔 나가며 쓰레기를 줄여.

이런 실천이 모여 다시 바다를 바다답게 돌려놓지 않을까?
늦었지만, 내가 만났던 동물들에게 미안해.
아름답게 지키지 못한 지구에게 미안해.
이게 바로 나의 열 가지 고백이자, 열 번의 사과야.
그리고 우리가 함께 생각해야 할 모두의 미래야.

난 이제 아파했던 동물들에게 건넨
열 송이의 꽃을 건강한 땅에 다시 심어 주고파.

너도 나와 함께 하지 않을래?